• 과학 교과서 관련 •

3학년 1학기
4. 자석의 이용

코딱지히어로
❷ 밀고 당기는 자석

1판 1쇄 인쇄 2023년 4월 30일 | 1판 2쇄 발행 2025년 3월 15일

서지원 글 | 이진아 그림 | 와이즈만 영재교육연구소 **감수**

발행처 와이즈만 BOOKs | **발행인** 염만숙
출판사업본부장 김현정 | **편집** 김예지 양다운 이지웅
디자인 윤현이 | **마케팅** 강윤현 백미영 장하라

출판등록 1998년 7월 23일 제 1998-000170 | **제조국** 대한민국
주소 서울특별시 서초구 남부순환로 2219 나노빌딩 5층
전화 마케팅 02-2033-8987 | **편집** 02-2033-8983 | **팩스** 02-3474-1411
전자우편 books@askwhy.co.kr | **홈페이지** mindalive.co.kr | **사용 연령** 8세 이상

ISBN 979-11-92936-15-4 74400
      979-11-90744-96-6 (세트)

ⓒ 2023 서지원 이진아
이 책의 저작권은 서지원 이진아에게 있습니다.
저자와 출판사의 허락 없이 내용의 일부를 인용하거나 발췌하는 것을 금합니다.
잘못된 책은 구입처에서 바꿔드립니다.

• 와이즈만 BOOKs는 (주)창의와탐구의 출판 브랜드입니다.

초능력 과학동화

빨간 내복의
코딱지히어로

서지원 글 | 이진아 그림 | 와이즈만 영재교육연구소 감수

2 밀고 당기는 자석

와이즈만 BOOKs

과학을 맛있게 즐기는 방법, 호기심 가득한 눈으로 세상을 봐요!

　과학을 무척 좋아하는 어린이 친구가 있었어요. 하지만 학년이 올라가면서 과학과 점점 멀어지게 되었어요. 그리고 한숨을 쉬며 말했어요.
　"과학은 신기하고 재미있는 놀이인줄 알았는데, 과학 수업 시간만 되면 뇌가 돌로 변하는 것 같아요. 어려운 과학 용어만 봐도 생각이 멈춰 버려요."
　어렵기만 한 과학을 포기해야 할까요? 과학이 어렵게 느껴지는 건 본격적으로 과학 수업 내용에서 '암기'가 시작되는 순간부터일 거예요. 그렇다면 과학의 즐거움을 되찾을 방법은 없을까요?
　과학 공부는 교과서로만 하는 게 아니에요. 우리 주변에 어디든 과학 원리가 녹아 있고, 과학 정보가 생생하게 살아 숨 쉬고 있지요. 과학과 친해지는 첫걸음은 우리 주변을 살펴보는 것에서 시작된답니다. 호기심 가득한 눈으로 세상을 바라보는 것이 바로 '관찰'이니까요. 하지만 관찰만으로는 우리의 호기심을 모두 채우지 못할 거예요. 그래서 경험이 필요하지요. 이렇게 세상을 경험하는 과정이 '실험'이랍니다. 관찰과 실험을 통해 과학적 사고력과 탐구력이 쑥쑥 자라게 될 거예요.

그리고 한 가지 더, 과학의 재미를 더해 줄 특별한 친구를 소개해 줄게요. 바로 '빨간 내복의 코딱지 히어로'랍니다. 코딱지 히어로 나유식은 실험과 관찰이 빠진 과학은, '팥이 없는 붕어빵'이라고 할 정도로 관찰과 실험을 좋아해요.

"과학은 암기가 아니야. 과학을 즐기려면 실험과 관찰을 해야 해."

냉장고에 붙이는 자석 장식, 가방에 달린 자석 단추, 방향을 확인하는 나침반 등 일상생활에서 자석은 다양하게 쓰여요. 또 우리가 사는 지구가 거대한 자석이라는 사실을 알고 있나요? 이처럼 우리 삶과 떼려야 뗄 수 없는 자석에 대해 알아볼까요?

유식이와 함께 호기심 가득한 눈으로 세상을 바라보고 미스터리한 사건을 해결해 보세요. 그러는 동안 자연스레 과학의 원리까지도 깨닫게 될 거예요. 그럼 모두 초능력자가 될 준비가 되었나요? 이제 악당을 잡으러 출동해 볼까요?

서지원

등장인물

나 나유식은 어느 날 별똥별을 주우면서 초능력이 생겼다. 신기하게도 과학 지식을 하나씩 깨달아 갈 때마다 초능력은 늘어 갔다. 그때 난 결심했다. 초능력을 키워 지구를 구하는 슈퍼 히어로가 되겠다고 말이다. 물론 아직은 코딱지 히어로일 뿐이다. 고작 동네를 지키는 히어로는 시시하다고? 과연 그럴까? 기대해도 좋을걸? 기상천외한 모험과 스펙터클 액션이 펼쳐질 거란 말씀!

나유식

내 이름은 나유식, 별명은 너무식. 칭찬이라곤 받아 본 적 없는 말썽쟁이야. 하지만 내가 피운 말썽은 호기심 때문이라고. 난 호기심이 지독하게 많거든. 이건 비밀인데 사실 나는 아는 게 되게 많아. 단지 내가 알고 있는 것 교과서에 나오지 않아서 억울할 뿐이야.

빨간 내복의 코딱지 히어로

어느 날 하늘에서 떨어진 코딱지만 한 별똥별을 콧구멍 속에 넣은 후부터 초능력자가 되었어. 지금은 비록 우리 동네의 안전과 평화를 지키는 코딱지 히어로일 뿐이지만 언젠가 지구를 구하는 차세대 슈퍼 히어로가 될 몸이야. 사람들은 내 정체를 궁금해해. 너희도 궁금하다고? 나야 나, 나유식!

사이언스 패밀리

우리 가족은 과학으로 똘똘 뭉쳐 있어. 아빠는 발명가의 꿈을 키워 나가는 가전제품 회사의 연구원이자 유튜버지. 엄마는 고등학교 과학 선생님이야. 그리고 이건 정말 신기한 일인데, 우리 누나는 전교 1등이야. 과학 영재라나 뭐라나.

아빠　　엄마　　누나

공자

나와 제일 친한 친구야. 공자의 이름은 '공부를 잘하자'의 줄임말이래. 하지만 공자는 나만큼 공부를 못해. 공자에게서는 늘 좋은 냄새가 나. 바로 짜장면 냄새! 공자네 집은 중국집을 하거든. 공자네 짜장면은 세상에서 제일 맛있어.

송희주

희주는 웃는 얼굴이 예쁘고, 웃음소리가 재미있어. 그리고 똑똑해서 희주가 하는 말에는 늘 귀 기울이게 돼. 그래, 맞아. 나는 희주를 좋아해! 이건 제일 친한 친구 공자에게도 말하지 못한 비밀이야. 너희만 알고 있어야 해!

 내 이름은 나유식, 별명은 너무식. 사람들은 나를 평범한 초딩이라고 생각한다. 하지만 내게는 어마어마한 비밀이 있다. 비밀이 알려지면 모두가 놀라 자빠질 것이다. 사실 난 초능력자다. 영화에 등장하는 초능력 슈퍼히어로냐고? 뭐 비슷하다. 빨간 내복까지 갖추어 입으면 멋짐이 폭발한다.

 우연히 발견한 코딱지만 한 별똥별을 콧구멍에 집어넣고 초능력자가 되었다. 그리고 과학 지식을 깨달아 갈 때마다 초능력은 강력해졌다. 아직 초능력이 제멋대로 나왔다가 안 나왔다 하는 게 문제지만, 초능력은 점점 더 완벽해질 것이다. 난 에디슨만큼 호기심이 왕성하니까. 에디슨 같은 과학자가 되는 것도 문제없겠지.

난 우리 동네를 지키는 코딱지 히어로다. 우리 동네를 위협하는 악당을 용서할 수 없다. 여러 가지 과학 지식을 완벽하게 갈고닦아서, 언젠가 세상을 구할 초특급 울트라 슈퍼 히어로가 될 몸이다.

오늘은 특별한 날이다. 이날을 위해 나는 3개월을 기다리고 또 기다렸다. 그리고 오늘, 드디어 나의 보물을 세상에 선보일 때가 되었다.

이곳은 비밀 기지이다. 비밀이지만 희주와 공자는 날마다 이곳에 온다. 우정은 비밀을 앞서는 법이니까. 비밀 기지에서는 초능력 수련을 하고, 동네에 위험한 일이 일어나지 않는지 살피기도 한다. 물론 오늘은 특별한 날이라서 희주와 공자를 불렀다.

희주와 공자는 서로 질세라 노래까지 부르며 첨단 치킨과 깐풍 치킨을 외쳤다.

　공룡알 치킨으로 말할 것 같으면, 달콤하고 짭짤한 양념 맛이 일품인, 완벽한 치킨이다. 왜 공룡알이냐고? 통닭에 진흙을 동그랗게 발라서 굽는데, 진흙 덩어리가 공룡알처럼 생겨서 붙인 이름이란다. 아, 먹고 싶다.

 희주와 공자는 구슬만큼 커다란 침을 튀기며 박박 우겼다. 최고의 치킨을 가리는 문제만큼은 나도 양보할 수 없었다. 우리 셋이 이렇게 의견이 안 맞은 적은 처음이다.

난 이 소란을 잠재울 방법을 알고 있다. 조용히 보물 상자를 열고 자석 쿠폰들을 꺼냈다.

공룡알 치킨 덕분에 우정을 되찾은 우리는 모여앉아 쿠폰을 세기 시작했다. 한 장, 두 장, 세 장…… 여덟 장, 아홉 장. 뭐, 아홉 장?

세고 또 세고, 몇 번을 다시 세어 봐도 쿠폰은 아홉 장뿐이었다. 비밀 기지를 샅샅이 싹 뒤졌지만, 어디에도 쿠폰은 없었다. 눈물이 왈칵 쏟아질 것 같았다. 이럴 때 잃어버린 쿠폰을 찾는 초능력이 있다면 얼마나 좋을까?

공자는 펄쩍 뛰었다. 억울한지 주머니를 뒤지고 가방을 뒤집어 보았지만, 쿠폰은 나오지 않았다.

공자의 엉덩이에 쿠폰이 달라붙어 있었다. 공자가 엉덩이 쪽 주머니에서 무언가를 꺼내자 쿠폰도 툭 떨어졌다.

초능력 수첩

유식이가 자석에 대해 열심히 공부했네요. 유식이의 정리 노트에서 빠진 낱말을 보기에서 찾아 채워 주세요.

❶ [　　] 은 철로 된 물체를 끌어당긴다. 자석의 성질이나 자석으로 인해 일어나는 현상을 ❷ [　　] 라고 한다. 자석은 N극과 S극이 있는데, 다른 극끼리 서로 ❸ [　　] 성질이, 같은 극끼리는 서로 ❹ [　　] 성질이 있다.

보기 끌어당기는, 밀어내는, 자석, 자기

❶자석 ❷자기 ❸끌어당기는 ❹밀어내는

나는 안다. 세 살 때 처음 공룡알 치킨을 먹었다. 그리고 그 뒤로 일주일에 한 번은 꼭 먹어 왔다. 그런 내가 공룡알 치킨의 맛을 내가 모를 리 없다. 아빠는 30년째 변하지 않는 맛이라고 했다. 그런데 늘 먹던 그 맛이 아니다. 공룡알 치킨 가게에 무슨 일이 생긴 게 아닐까?

우리 주변에서 자석은 다양한 쓰임새로 사용돼요. 다음의 생활용품을 살펴보고 자석을 사용할 때 편리한 점을 설명한 글을 올바르게 짝지어 보세요.

냉장고 자석  • • 나사못이 잘 떨어지지 않는다.

자석 단추 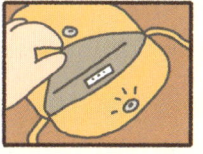 • • 쪽지를 붙일 수 있다.

자석 드라이버 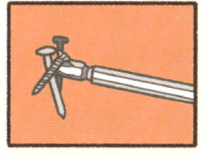 • • 떨어트려도 바닥에 내용물이 흩어지지 않는다.

자석 클립 통  • • 덮개를 쉽게 여닫을 수 있다.

자석의 성질을 이용해 만든 생활용품은 무척 다양하지.

깨양은 아이들에게 인기가 많은 먹방 유튜버다. 몸집은 자그마한데 삼겹살 50인분쯤은 거뜬히 먹어 치운다. 동네의 숨은 맛집을 소개하는 콘텐츠를 만드는데, 그런 깨양이 우리 동네에 온다니 어마어마한 사건이다.

깨양은 공룡알 치킨과 첨단 치킨을 10마리씩 준비해서 맛 대결을 펼치겠다고 예고했다.

이틀 후, 깨양이 동네 공원에 찾아왔다. 깨양은 탁자를 펼치고 라이브 방송 준비를 하고는, 공룡알 치킨과 첨단 치킨을 10마리씩 주문했다. 라이브 방송이 시작되자마자 순식간에 소문이 퍼졌고, 사람들은 깨양을 보려고 몰려왔다.

잠시 후 첨단 치킨의 배달 오토바이가 도착했다.

우아, 정말 빠르네요. 첨단 기계 설비를 갖추고 있어 아무리 주문량이 많아도 조리 시간이 짧다고 했는데요. 10가지 다양한 맛의 치킨이 10분 안에 도착했어요. 대단하죠? 인기가 많은 메뉴 10종을 주문해 보았어요. 매콤양념, 치즈크림, 해물, 김치, 갈비, 떡볶이, 허니버터, 간장양념, 피자, 짜장! 정말 다양하네요.

깨양은 다양한 치킨을 카메라 앞에 하나씩 비추어 보여 주었다. 여기저기서 꼴깍꼴깍 침 삼키는 소리가 들렸다. 깨양이 치킨 조각을 들고 크게 한입 베어 물었다.

치킨 한 마리가 순식간에 사라졌다. 깨양의 입 속에 치킨 조각이 들어가자마자 깔끔하게 발린 **뼈**만 쏙 빠져나왔다. 구경하던 사람들은 감탄하며 박수를 보냈다.

깨양은 그렇게 첨단 치킨 10마리를 남김없이 먹었다.

그때 공룡알 치킨 배달 오토바이가 도착했다. 구경하던 사람들은 모두 박수치며 환호했고, 깨양도 공룡알 치킨을 반갑게 맞았다.

깨양은 닭다리를 잡고 크게 베어 물었다. 순간 깨양이 멈칫하며 미간을 찌푸렸다.

급기야 깨양은 치킨을 뱉어 냈다. 모여 있던 사람들도 웅성거렸다. 그때 촬영을 돕던 카메라 기사가 다가와 공룡알 치킨 맛을 보았다. 동네 아주머니들도 우르르 모여들었다.

소식을 들었는지 공룡알 치킨 가게 주인 아저씨가 헐레벌떡 뛰어왔다.

연신 고개를 숙이는 공룡알 치킨 가게 주인 아저씨 앞에서 깨양이 얼굴을 붉히며 손사래를 쳤다.

누군가가 골목 구석에서 팔짱을 끼고 이 상황을 지켜보고 있었다. 알 수 없는 웃음이 수상해 보였고, 그들이 두른 앞치마에 '첨단 치킨'이 쓰여 있었다. 순간 등줄기로 서늘한 느낌이 훑고 지나갔다. 어쩐지 무서운 일이 일어날 것 같은 예감이랄까.

그 일이 있고 난 뒤, 공룡알 치킨을 향한 비난이 끊이지 않았다. 상한 식재료를 파는 가게라고 소문이 났고, 손님은 확 줄었다. 반대로 첨단 치킨은 맛집이라고 소문이 나, 전국에서도 사람들이 찾아왔다. 동네 곳곳에 첨단 치킨 배달 오토바이가 가득했다. 학교에서도 아이들은 첨단 치킨이 최고라며 첨단 치킨 노래만 불러 댔다.

깨양이 공자반점 깐풍 치킨을 먹었다면 그 맛에 홀딱 반했을 텐데…….

역시 첨단 치킨이 최고라는 게 증명됐어.

50년 경력의 우리 아빠를 무시하는 거야?

너희 아빠는 50살이 안 되셨잖아. 어떻게 경력이 50년이야?

음……, 나이는 중요한 게 아냐! 아무튼 공룡알 치킨 가게가 망할 수밖에 없는 과학적인 이유가 있어.

과학적인 이유? 그게 뭔데?

공룡은 멸종했잖아. 그러니까 당연히 공룡알 치킨도 멸종하는 거지.

 어휴, 말도 안 되는 소리네.

 공룡알 치킨은 절대 안 망할 거야.
그리고 공룡이 진화해서 닭이 된 거래.
공룡도 멸종한 게 아닐지도 몰라.

 진화라니! 듣기만 해도 머리가 아파.
난 머리가 아플 때 깐풍 치킨을 먹으면
싹 낫더라. 깐풍 치킨이나 먹으러 갈래.

 공자야, 생각해 보니까 50년 경력의
깐풍 치킨이 최고인 것 같아.
나 지금 공자반점으로 가도 돼?

 좋아. 하지만 10분 안에 와야 할 거야.
순식간에 먹어 버릴 테니까!

 휴, 이러다
진짜 망하는
거 아냐?

낱말풀이퀴즈

가로

① 이것은 철로 된 물체를 끌어당겨.
② 자석의 힘으로 열차를 공중에 띄워 움직이는 열차를 ○○○○열차라고 해.
③ 동그란 모양으로 만든 쇠붙이를 굴렁대를 이용해 굴리는 장난감이야.
④ 지구가 지구 중심 방향으로 물체를 끌어당기는 힘이야.
⑤ ○○○○ 자석은 가장 강한 자기장을 만들어 내는 자석이야.
⑥ 상처를 보호하거나 약품을 피부에 붙이기 위해 사용하는 의료용품이야.

세로

❶ 《논어》는 이 사람의 말을 기록한 경전이야. 유식이의 친한 친구 이름이기도 해.
❷ 경주에 있는 석굴 사원이야. 불국사와 함께 유네스코 세계 문화유산이지.
❸ 문, 서랍, 금고 등 여닫는 물건을 잠그는 장치야. 이것을 열 때는 열쇠가 필요해.
❹ 실제로 경험하지 않은 현상을 머릿속에 그려서 생각하는 힘이야.
❺ 지리적인 방향을 알아내는 도구로, 이것의 바늘은 남북을 가리켜.
❻ 극지방의 밤하늘을 물들이는 ○○○는 지구 자기장과 관련이 있어.

나는 아빠와 자전거를 타고 공룡알 치킨 가게로 향했다. 제발 공룡알 치킨 가게가 무사해야 할 텐데······.

평소 같으면 배달 주문이 한창이고, 가게 밖에까지도 통닭 굽는 고소한 냄새가 풍길 시간이다. 하지만 공룡알 치킨 가게는 문을 닫은 것처럼 조용했다.

가게 주인 아저씨, 주인 아저씨의 아들, 주인 아저씨의 어머니인 할머니, 서빙 아르바이트를 하는 누나, 그리고 배달 아저씨까지 모두 가게에 있었다. 손님이 없어서인지 어두운 표정으로 한숨만 쉬고 있었다.

배달 아저씨가 화가 났는지 고릴라처럼 가슴을 팡팡 쳤다. 그 모습을 말없이 지켜보던 주인 아저씨는 미안한지 작은 목소리로 입을 열었다.

아빠는 가전제품 전문가답게 진지한 표정으로 냉장고 상태를 꼼꼼히 확인해 보았다. 냉장고 문을 수차례 여닫아 보던 아빠가 고개를 끄덕이고는 말했다.

냉장고 문에는 자석 벨트가 있어요. 자석은 냉장고 문이 쉽게 열리지 않도록 단단히 잡아 주죠. 그런데 여기 자석이 고장 나서 제대로 문이 닫히지 않았던 겁니다.

날마다 냉장고를 사용하는데, 고장이 난 걸 미처 몰랐네요. 이제라도 알아서 다행이에요.

공룡알 치킨을 사서 집으로 돌아가는 길에 아빠는 고개를 갸웃거리며 중얼댔다.

공룡알 치킨을 식탁에 차려 두고 가족 모두 모여 앉았다. 코끝을 간질이는 달착지근한 냄새가 기가 막혔다.

특제 양념이 넉넉하게 발려 윤기가 흐르는 공룡알 치킨은 보기만 해도 군침이 돌았다. 나와 아빠가 먼저 비장한 마음으로 닭다리를 베어 물었다. 그 맛은…….

절대 먹지 않겠다던 누나도 어느새 다가와 허겁지겁 먹고 있었다. 치킨은 순식간에 뼈만 남았다.

커다란 자석을 든 유식이가 공룡알 치킨 가게에 가네요. 자석에 붙는 물체로 가로막혔을 때는 자석을 이용해 미로를 열 수 있어요.

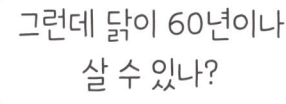

나는 오이 냄새가 싫어서 오이 비누도 안 쓴다. 투덜거려 보았지만 엄마는 아랑곳하지 않고 신이 나서 이야기했다.

초능력이라는 말에 깜짝 놀라서 오이를 살펴보고, 문질러 보고, 냄새를 맡아 보았다. 먹으면 초능력이 생기는 오이라니 믿을 수 없다.

엄마는 살짝 미소 짓더니, 오이를 줄에 묶어 대롱대롱 매달았다. 그리고 요상한 춤을 추며 손을 흔들었다.

기합 소리와 함께 놀라운 일이 일어났다. 오이가 엄마 손이 가는 방향에 따라 춤을 추기 시작했다.

이번엔 지폐 한 장을 길게 접어 가느다란 철사 위에 올려놓았다. 그리고 손을 휘저으며 요상한 춤을 추기 시작했다. 엄마의 초능력은 춤을 춰야 나타나는 걸까.

믿을 수 없는 일이 일어났다! 엄마의 춤에 맞춰 철사 위에 놓인 지폐가 빙글빙글 돌았다. 더욱 놀라운 것은 엄마가 춤을 멈추자 거짓말처럼 지폐도 움직임을 멈추었다.

나는 엄마의 콧구멍을 살펴보았다. 엄마도 나처럼 콧구멍에 별똥별을 숨긴 게 틀림없다. 하지만 예상과는 달리 엄마의 콧구멍은 코딱지 하나 없이 깨끗하기만 했다.

와삭와삭, 태어나서 오이를 그렇게 많이 먹은 적은 처음이었다. 엄마는 오이를 잘 먹는 나를 보며 기분이 좋은지 싱글거렸다. 생각보다 오이 맛은 나쁘지 않았다. 사실 꽤 맛있었다.

자석에 대한 설명입니다.
맞으면 O, 틀리면 X로 표시해 보세요.

- 철로 된 물체는 자석에 붙어요. 이때 철로 된 물체가 많이 붙는 쪽이 '자석의 극'이에요. ☐

- 자석의 극은 N극과 S극으로 두 개예요. 같은 극끼리는 서로 끌어당기고, 다른 극끼리는 서로 밀어내는 성질이 있어요. ☐

- 나침반의 바늘은 자석이에요. ☐

- 나침반을 이용하면 지리적 방향을 알 수 있어요. 나침반을 평평한 곳에 놓으면 바늘은 항상 동쪽과 서쪽을 가리켜요. ☐

- 바늘을 자석에 붙여 두면 자석의 성질을 띠게 돼요. 이를 '자기화'라고 해요. 하지만 시간이 지나면 자석의 성질은 다시 사라져요. ☐

- 지구는 거대한 자석이에요. 지구의 남쪽은 N극, 북쪽은 S극에 해당해요. ☐

- 전자석은 전류가 통할 때나 통하지 않을 때 언제든 자석의 성질을 가져요. ☐

반자성 물질은 강한 자석을 가까이 했을 때, 밀려 나게 돼. 물은 반자성 물질이야. 물이 많은 오이도 그래서 자석에 밀려나는 거야.

지폐를 인쇄할 때 자성 잉크를 사용해.
잉크에 섞인 자성은 아주 소량이지만,
네오디뮴 자석처럼 강력한 자석을 가까이 대면
반응한단다. ATM 기계나 지폐를 세는 기계는
자성 잉크를 감지하는 센서가 있어서
위조지폐를 골라낼 수 있어.

다음 날, 누나와 함께 텔레비전을 보는데 낯익은 목소리가 들렸다.

아빠와 나는 공룡알 치킨 가게에 가서 주인 아저씨에게 소식을 전했다. 주인 아저씨의 얼굴에 환한 미소가 차오르기를 기대했지만, 어쩐지 한숨만 푹푹 내쉬며 표정은 어둡기만 했다.

그렇다. 공룡알 치킨 가게에 위기가 닥친 것이다. 우리 동네를 지키는 코딱지 히어로, 내가 나서야 할 때다.

공룡알 치킨을 만드는 황금 조리법

1. 고구마, 밤, 대추, 콩, 찹쌀을 통닭 배가 빵빵해지도록 가득 집어넣는다.

2. 소금, 후추, 양파, 마늘 등 재료로 만든 양념에 통닭을 재어 짭조름하게 간한다.

3. 밑간을 해 둔 통닭을 호일로 감싸고, 겉에 공룡알 모양으로 진흙을 꼼꼼하게 바른다.

4. 특수 제작한 참나무 장작 가마에 공룡알을 3시간 동안 굽는다.

5. 각종 과일과 간장, 꿀 등 비법 재료를 더해 공룡알 치킨 맛의 핵심인 황금 양념을 만든다.

6. 단단하게 구워진 공룡알을 나무망치로 깨서 통닭을 꺼낸다.

7. 노릇노릇한 통닭에 황금 양념을 여러 번 덧발라 안쪽까지 양념 맛이 배어 들게 한다.

8. 60년 전통을 자랑하는 공룡알 치킨 완성!

 아빠와 나는 떨리는 마음으로 치킨 맛을 보았다. 한입 베어 물었을 뿐이지만 알 수 있었다. 예전의 그 맛이 아니었다. 아빠와 나는 주인 아저씨에게 어떻게 이야기해야 할지 몰라, 서로 눈치만 살폈다. 하지만 이미 상황을 눈치 챈 주인 아저씨는 왈칵 눈물을 터뜨렸다.

　공룡알 치킨을 만드는 과정에는 아무 문제도 없었다. 공룡알 치킨 맛이 변한 까닭을 찾아야만 했다. 공룡알 치킨은 함정에 빠진 게 분명하다.

　그러는 사이, 메리 티티가 찾는 추억의 치킨을 둘러싸고 시청자의 제보가 빗발쳤다. 메리가 기억하는 어렴풋한 추억의 조각을 맞추어 본 결과, 공룡알 치킨이 유력한 후보로 좁혀졌다. 방송국에서는 메리가 공룡알 치킨을 맛보는 모습을 특집 방송으로 내겠다고 예고했고, 주인 아저씨는 맛을 되찾기 위해 맹연습에 돌입했다.

초능력 탐구

나침반을 편평한 곳에 두면 자석의 성질을 가진 바늘이 북쪽과 남쪽을 가리켜요. 그렇다면 나침반 대신 막대자석을 이용해 방향을 찾는 방법을 살펴볼까요?

① 막대자석이 자유롭게 움직이도록 실에 매달아 공중에 띄워 방향을 찾을 수 있어요. 막대자석을 수평을 유지하게 매단 뒤 멈추었을 때, N극이 가리키는 방향이 북쪽이에요.

② 플라스틱 접시 가운데 막대자석을 올려서 물에 띄우고, 막대자석이 가리키는 방향을 확인해요. 이때 N극이 가리키는 방향이 북쪽이에요.

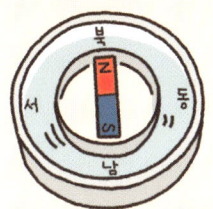

Tip! 두 가지 실험을 반복해서 하면 항상 자석의 N극이 북쪽을, S극이 남쪽을 가리키는 것을 확인할 수 있어요!

그날 밤, 나는 별똥별을 콧구멍 속 깊숙이 집어넣고 빨간 내복의 코딱지 히어로로 변신했다. 자석에 대해 공부한 덕분에 자석 초능력을 사용했다. 찰싹, 지나가는 자동차에 달라붙어서 공룡알 치킨 가게까지 이동했다.

공룡알 치킨 가게 건물 외벽을 타고 올라가는 것도 자석의 힘을 이용하니 문제없었다. 영화에 등장하는 거미 영웅보다 내 모습이 더 멋졌다. 주방까지 연결된 환풍기 굴뚝을 타고 내려가서 무사히 가게 안으로 들어갔다.

맙소사, 저게 뭐야? 주방에 들어서자마자 각종 조리 기구부터 냄비, 프라이팬과 온갖 쇠붙이들이 나를 향해 날아왔다. 요리조리 몸을 피했지만 소용없었다. 여기저기서 날아오는 쇠붙이의 공격을 간신히 피했다.

　가까스로 주방을 빠져나와, 가게 안에 몸을 숨겼다. 그때 아르바이트 누나가 가게 밖으로 나가는 게 보였다. 가게 문을 닫은 지 한참이나 지났는데, 이렇게 늦은 시간까지 혼자 남아 있다니……. 수상함이 느껴져 뒤를 쫓았다. 누나는 뜻밖의 장소에 멈추어 섰다. 첨단 치킨 건물이었다. 누나가 건물로 들어가고, 3층 방 창문에 불이 켜졌다. 뭐든지 빠른 걸 좋아하는 첨단 치킨 사장님은 출퇴근 시간조차 아까워 가게 건물에 살고 있다고 했다.

아르바이트 누나가 첨단 치킨의 가족이라면? 라이벌인 공룡알 치킨을 망하게 하려고 몰래 잠입한 거라면? 그렇다면…… 범인은 아르바이트 누나?

다음 날에도 나는 공룡알 치킨 가게에 가서 아르바이트 누나를 감시했다. 누나는 테이블을 정리하고, 바닥 청소를 했다. 하지만 언제 본색을 드러낼지 모르니 한순간도 눈을 뗄 수 없었다. 할머니는 손님이 끊긴 게 걱정인지 가게 안을 이리저리 돌아다녔다.

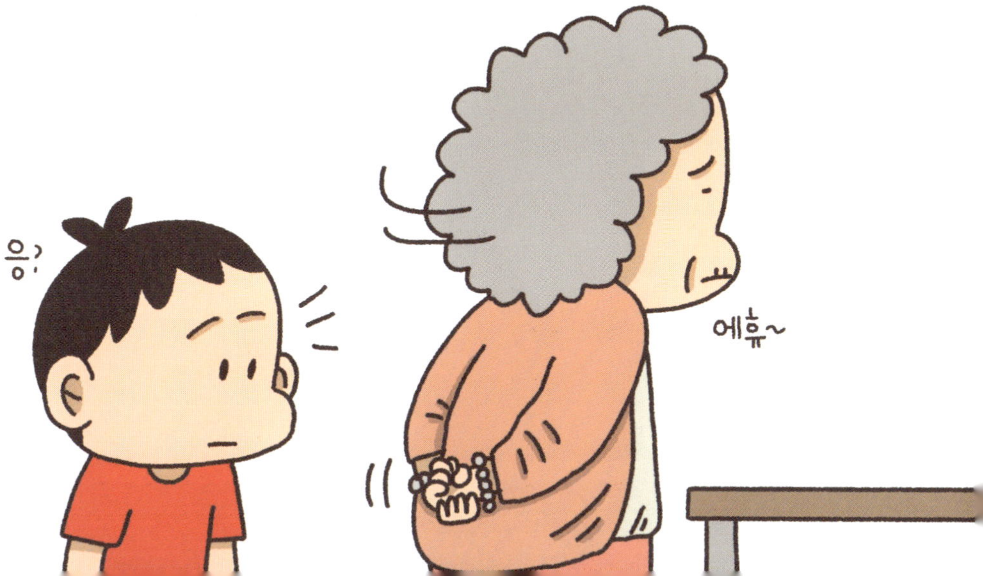

그 순간, 내 눈앞에 반짝이는 것이 스쳐 지나갔다. 머릿속에서 번개가 치고 회오리바람이 몰아치는 것 같은 느낌이 들었다. 나는 소스라치게 놀라 외쳤다.

다들 무슨 말인지 몰라서 어리벙벙한 얼굴이었다.

아저씨가 공룡알 치킨 양념을 만들 때, 할머니는 저울에 재료를 계량하는 걸 맡아 주셨어요. 그때 할머니의 자석 팔찌가 저울 바늘을 움직여서 재료의 양을 제대로 재지 못하게 한 거예요.

나는 할머니의 자석 팔찌를 가게 안에 모인 사람들에게 자세히 보여 주었다.

자석 팔찌를 저울 가까이 대 보니, 역시 저울 눈금이 춤을 췄다. 할머니는 머뭇거리며 말했다.

그때 주인 아저씨 아들의 얼굴이 새하얗게 질리더니 울음을 터트리며 무릎을 꿇었다.

죄송합니다, 아버지. 저는 아버지처럼 치킨을 만들고 싶지 않았어요. 하지만 맹세코 공룡알 치킨을 망하게 할 생각으로 할머니께 팔찌를 선물한 건 아니에요.

그동안 그럼, 너…….

주인 아저씨는 주먹을 불끈 쥐고 아들에게 다가갔다. 겁에 질렸는지 아들의 어깨가 연신 떨려 왔다. 순간, 아저씨는 두 팔을 크게 벌려 아들을 힘껏 안아 주었다. 아저씨와 아들이 함께 흘린 눈물이 아저씨 앞치마에 또르르 떨어졌다.

동네 사람들이 라이벌이라고 부추기는 바람에
사이가 어색해졌지만, 예전에 사장님과 아빠는 둘도 없는
소꿉친구였다고 들었어요. 아빠는 아직도 어릴 때 여기
가게에서 공룡알 치킨을 나누어 먹던 때가 그립대요.
기회를 봐서 아빠의 마음을 전하고 싶었어요.

"이것으로 사건은 모두 해결되었구나."

모두들 모처럼 크게 웃었다. 주인 아저씨는 전자저울을 새로 준비했고, 다시 공룡알 치킨을 만들었다. 정확한 재료의 양으로 만들어진 황금 양념 맛은 예전과 똑같았다. 공룡알 치킨은 역시 최고다.

다음 날, 메리 티티가 공룡알 치킨 맛을 보려고 찾아왔다. 가게 앞에는 슈퍼스타 메리 티티를 보려고 모인 팬들로 북적였고, 엄청난 취재진까지 몰려들었다.

메리 티티는 크게 한입 베어 물었다. 모여 있는 사람들 모두가 침을 꼴깍 삼켰다. 하지만 메리는 아무 말도 하지 않았다. 그저 고개를 숙인 채 생각에 빠진 듯했다. 사람들이 웅성거리기 시작했다.

모여 있는 사람들 모두가 박수를 치며 환호했다. 주인아저씨도 그제야 환하게 미소를 지었다.

메리 티티가 공룡알 치킨을 맛있게 먹는 방송이 나가고, 사람들은 다시 공룡알 치킨을 찾기 시작했다. 이제 공룡알 치킨은 전국에서, 아니 전 세계에서 찾아오는 맛집이 되었다. 주인 아저씨는 아무리 주문이 많이 몰려도 신선한 재료를 사용하기 위해서 노력하겠다며, 냉장고 관리에 특히 신경 쓰게 되었다.

고양이 무늬가 그려진 옷을 입고 있었고, 고양이 한 마리가 어깨 위에 앉아 있었어.

등줄기가 서늘해지는 기분이었다. 정말 누군가 우리 동네를 위협하는 걸까? 어쩐지 곧 커다란 위험이 닥칠 것만 같았다.

공룡알 치킨 가게는 오늘도 손님으로 꽉 찼어요.
가게 안에 숨은 물건 여덟 가지를 찾아보세요.
고무장갑, 말굽자석, 새, 아이스크림, 야구공, 오이, 종이배, 토끼

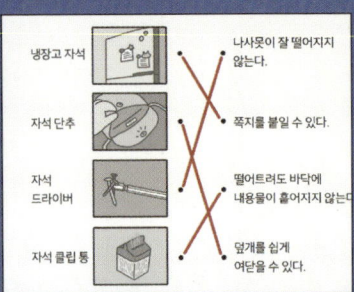

23쪽

24쪽

38쪽

48쪽